Impressum
Verlag: BABADADA GmbH, Nedderfeld 112 , 22529 Hamburg
Geschäftsführer / Verlagsleitung: Harald Hof
Druck: Books on Demand GmbH, In de Tarpen 42, 22848 Norderstedt

Imprint
Publisher: BABADADA GmbH, Nedderfeld 112 , 22529 Hamburg, Germany
Managing Director / Publishing direction: Harald Hof
Print: Books on Demand GmbH, In de Tarpen 42, 22848 Norderstedt, Germany

1

shkolla
escola

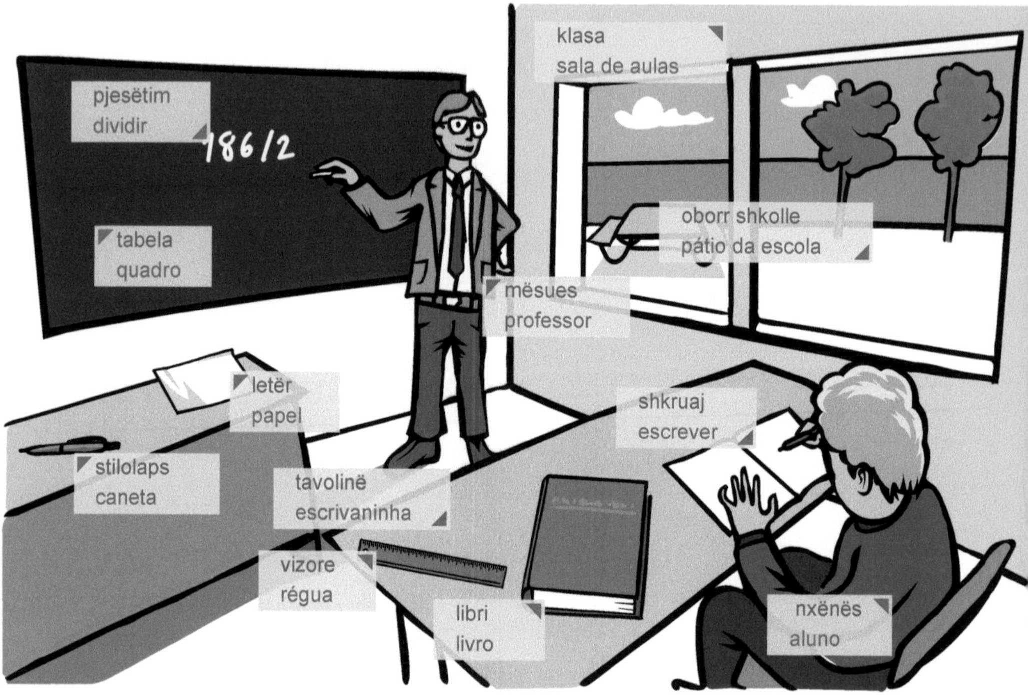
klasa
sala de aulas
pjesëtim
dividir
186/2
tabela
quadro
oborr shkolle
pátio da escola
mësues
professor
letër
papel
shkruaj
escrever
stilolaps
caneta
tavolinë
escrivaninha
vizore
régua
libri
livro
nxënës
aluno

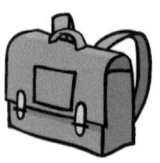

çantë

sacola

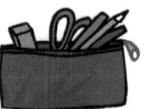

mbajtëse lapsash

estojo de lápis

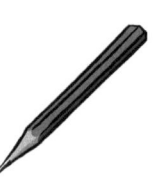

laps

lápis

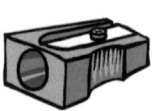

mprehës lapsash

apontador de lápis

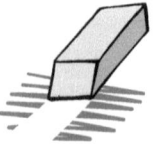

gomë

borracha

fletore vizatimi

bloco de desenho

vizatim

desenho

penel

pincel

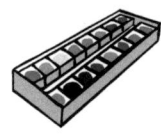

kuti bojërash

estojo de tintas

gërshërë

tesoura

ngjitës

cola

fletore detyrash

livro de exercícios

detyrë shtëpie

lição de casa

12

numër

número

2+2

mbledh

somar

5-2

zbres

subtrair

2×2

shumëzoj

multiplicar

llogaris

calcular

A

gërmë

letra

ABCDEFG
HIJKLMN
OPQRSTU
VWXYZ

alfabeti

alfabeto

hello

fjalë

palavra

tekst

texto

lexoj

ler

shkumës

giz

mësim

hora

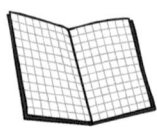

regjistër

registro da classe

provim

exame

çertifikatë

certificado

uniformë shkolle

uniforme escolar

arsimim

educação

enciklopedia

enciclopédia

universitet

universidade

mikroskop

microscópio

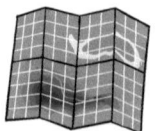

hartë

mapa

kosh letrash

cesto de lixo

hotel
hotel

Grand

bujtinë
albergue

ROOMS

pikë këmbimi valutor
casa de câmbio

ECHANGE

valixhe
mala

makinë
carro

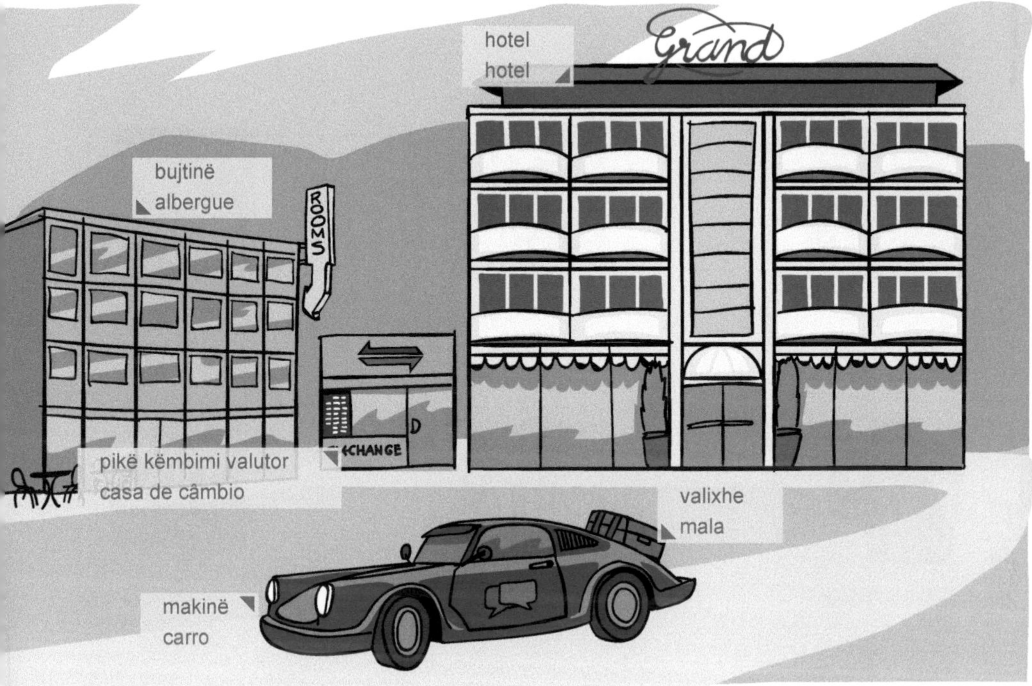

gjuhë
idioma

po / jo
sim / não

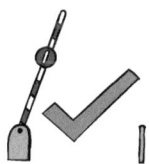

Në rregull
ok

ç'kemi
Olá

përkthyes
tradutor

Faleminderit
obrigado

sa kushton…?

quanto custa…?

nuk e kuptoj

eu não entendo

problem

problema

Mirëmbrëma!

boa noite!

Mirëmëngjes!

Bom dia!

Natën e mirë!

Boa noite!

mirupafshim

até logo

drejtim

direção

bagazhet

bagagem

çantë

bolsa

çantë shpine

mochila

mysafir

convidado

dhomë

quarto

thes gjumi

saco de dormir

tendë

barraca

informacion për turistët

informação turística

plazh

praia

kartë krediti

cartão de crédito

mëngjes

café da manhã

drekë

almoço

darkë

jantar

Biletë

bilhete

ashensor

elevador

pulla

selo

kufi

fronteira

doganë

alfândega

ambasadë

embaixada

vizë

visto

pasaportë

passaporte

transport
transporte

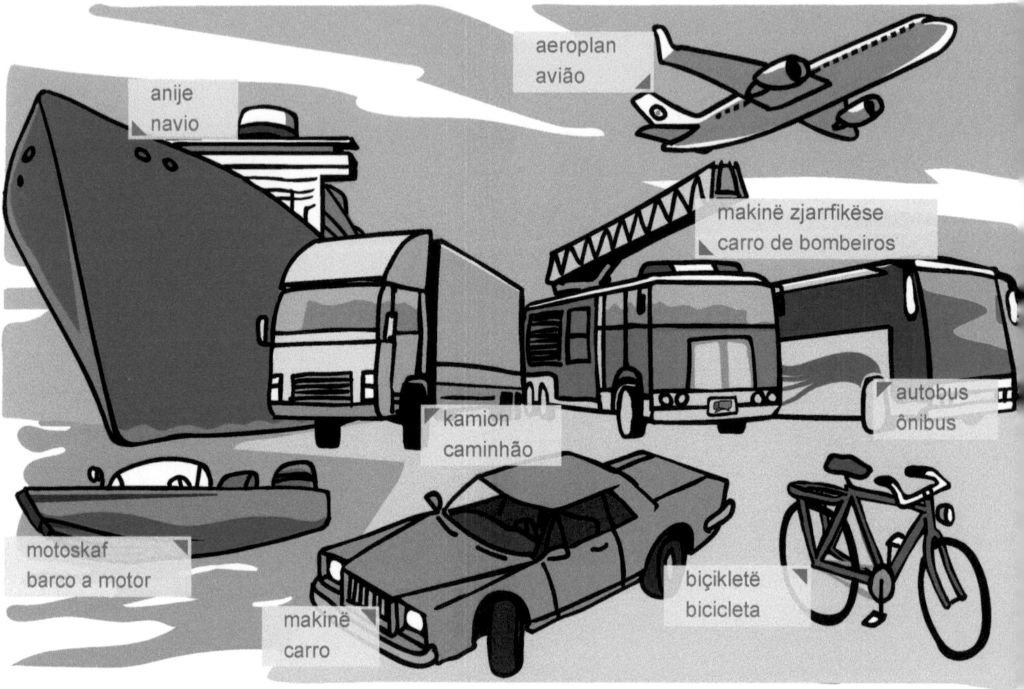

aeroplan
avião
anije
navio
makinë zjarrfikëse
carro de bombeiros
autobus
ônibus
kamion
caminhão
motoskaf
barco a motor
biçikletë
bicicleta
makinë
carro

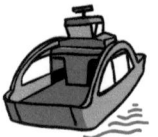

traget

balsa

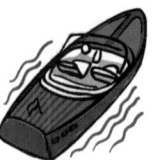

varkë

barco

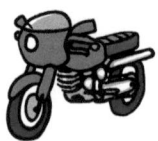

motoçikletë

motocicleta

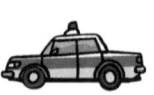

makinë policie

veículo policial

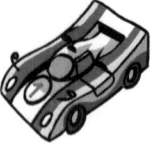

makinë garash

carro de corrida

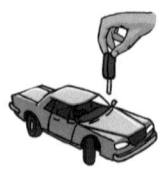

makinë me qira

carro de aluguel

park
parque

stol
banco

urë
ponte

shkallë
escadas

metro
metrô

tunel
túnel

stacion autobuzi
ponto de ônibus

bar
bar

restorant
restaurante

kuti postare
caixa de correspondência

sinjalistikë rrugore
placa de rua

kohëmatës parkimi
parquímetro

kopsht zoologjik
zoológico

pishinë
piscina

xhami
mesquita

fermë
....
fazenda

ndotje
....
poluição

varrezë
....
cemitério

kishë
....
igreja

shesh lojërash
....
parquinho

tempull
....
templo

peisazh
paisagem

gjethe
folha

tabela orientuese
placa de sinalização

rrugë
caminho

livadh
gramado

gurë
pedra

ekskursionist
caminhantes

pemë
árvore

lumë
rio

bar
grama

lule
flor

luginë
....
vale

kodër
....
montanha

liqen
....
lago

pyll
....
floresta

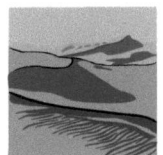

shkretëtirë
....
deserto

vullkan
....
vulcão

kështjellë
....
castelo

ylber
....
arco-íris

kepudhë
....
cogumelo

palmë
....
palmeira

mushkonjë
....
mosquito

mizë
....
mosca

milingonë
....
formiga

bletë
....
abelha

merimangë
....
aranha

brumbull

besouro

bretkosë

sapo

ketër

esquilo

iriq

ouriço

lepur

lebre

buf

coruja

zog

pássaro

mjellmë

cisne

derr i egër

javali

dre

veado

dre brilopatë

alce

digë

barragem

turbinë ere

aerogerador

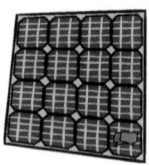

panel diellor

painel solar

klimë

clima

restorant
restaurante

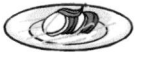

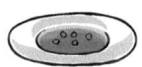

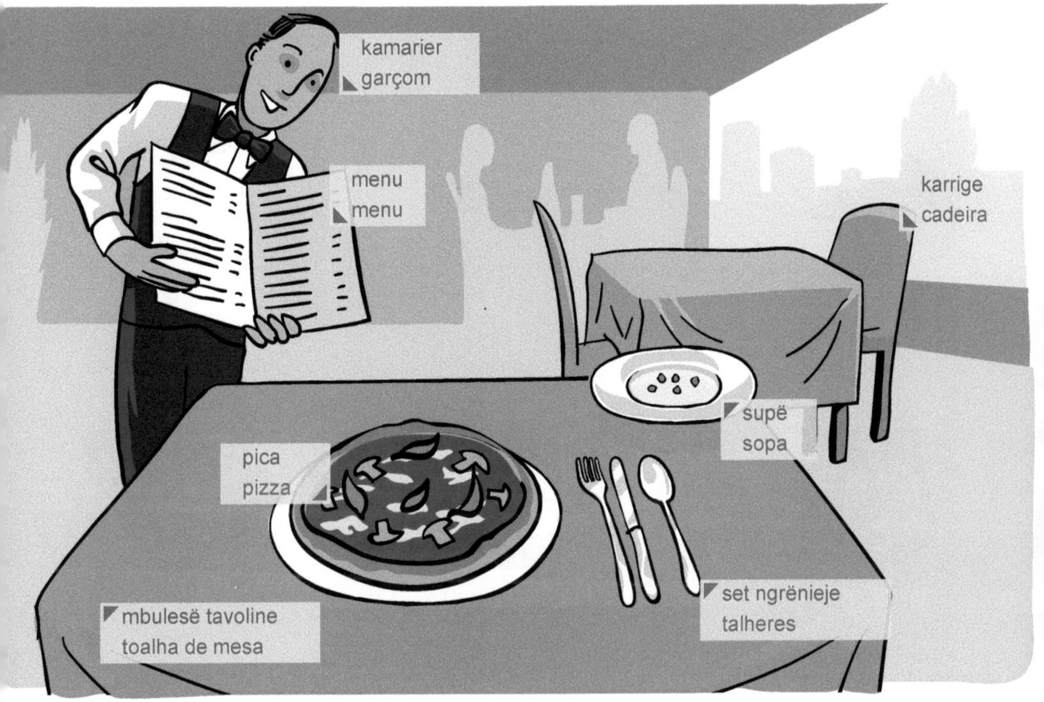
kamarier
garçom
menu
menu
karrige
cadeira
supë
sopa
pica
pizza
set ngrënieje
talheres
mbulesë tavoline
toalha de mesa

pjatë e parë

entrada

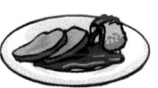

pjatë kryesore

prato principal

ëmbëlsirë

sobremesa

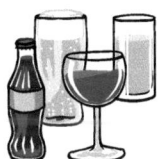

pije

bebidas

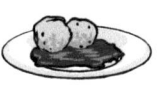

ushqim

comida

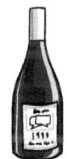

shishe

garrafa

ushqim i shpejtë

fastfood

ushqim i shërbyer në rrugë

comida de rua

ibrik çaji

bule de chá

kuti sheqeri

açucareiro

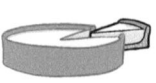

racion

porção

makinë kafeje ekspres

máquina de expresso

karrige e lartë

cadeirão

faturë

conta

tabaka

bandeja

thika

faca

pirun

garfo

lugë

colher

lugë çaji

colher de chá

pecetë

guardanapo

gotë

copo

pjatë

prato

pjatë supe

prato de sopa

pjatë filxhani

pires

salcë

molho

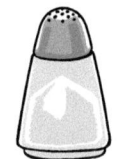

mbajtëse kripe

saleiro

mulli piperi

moedor de pimenta

uthull

vinagre

vaj

óleo

erëza

especiarias

keçap

ketchup

mustardë

mostarda

majonezë

maionese

supermarket

supermercado

ofertë speciale
oferta especial
FOR
klient
cliente
produkte bulmeti
laticínios
frut
frutas
karrocë pazari
carrinho de compras

BUTCHERS

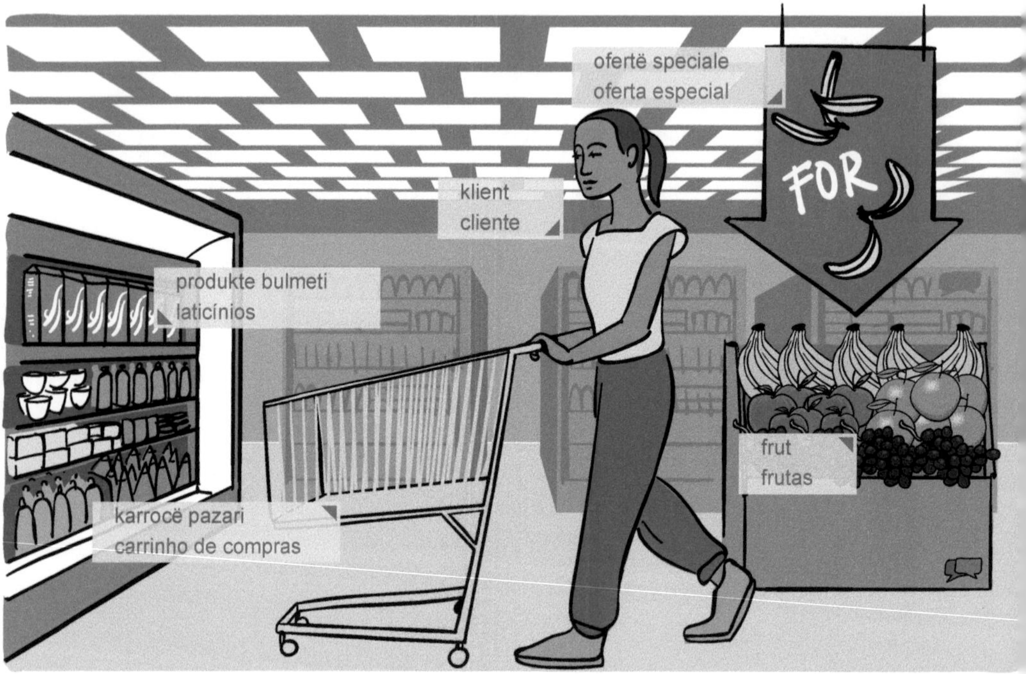

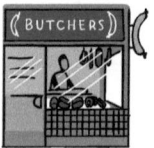

dyqan mishi

açougue

BAKERY

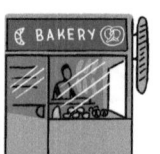

furrë buke

padaria

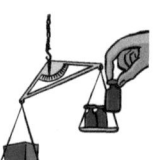

peshoj

pesar

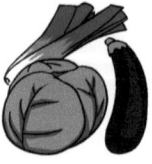

perime

legumes

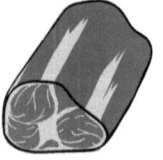

mish

carne

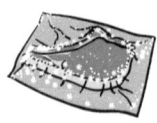

ushqim i ngrirë

congelados

copë
charcutaria

ushqim i konservuar
conservas

pluhur larës
detergente em pó

ëmbëlsirat
doces

prodhime shtëpie
artigos domésticos

produkte pastrimi
produtos de limpeza

shitëse
vendedora

kasë fiskale
caixa

arkëtar
caixa

listë blerjeje
lista de compras

oraret e punës
horário de funcionamento

portofol
carteira

kartë krediti
cartão de crédito

çantë
sacola

qese plastike
saco plástico

ujë

água

lëng frutash

suco

qumësht

leite

koka-kola

coca-cola

verë

vinho

birrë

cerveja

alkool

álcool

kakao

cacau

çaj

chá

kafe

café

kafe ekspres

expresso

kapuçino

cappuccino

banane

banana

mollë

maçã

portokalle

laranja

pjepër

melão

limon

limão

karrotë

cenoura

hudhër

alho

bambu

bambu

qepë

cebola

kërpudha

cogumelo

arra

nozes

makarona

macarrão

spageti

espaguete

oriz

arroz

sallatë

salada

patate të skuqura

batatas fritas

patate të skuqura

batatas frias

pica

pizza

hamburger

hambúrger

sanduiç

sanduíche

shnicel

escalope

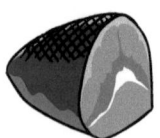

proshutë

presunto

sallam

salame

salçiçe

salsicha

pulë

galinha

skuq

assado

peshk

peixe

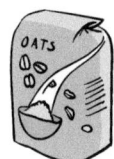

tërshërë

flocos de aveia

drithëra

granola

kornfleiks

flocos de milho

miell

farinha

kruasant

croissant

panine

pãozinho

bukë

pão

tost

torrada

biskotë

biscoitos

gjalp

manteiga

gjizë

requeijão

tortë

bolo

vezë

ovo

vezë sy

ovo frito

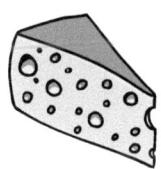

djathë

queijo

akullore

sorvete

sheqer

açúcar

mjaltë

mel

marmaladë

geleia

çokokrem

creme de avelãs

këri

curry

fermë
fazenda

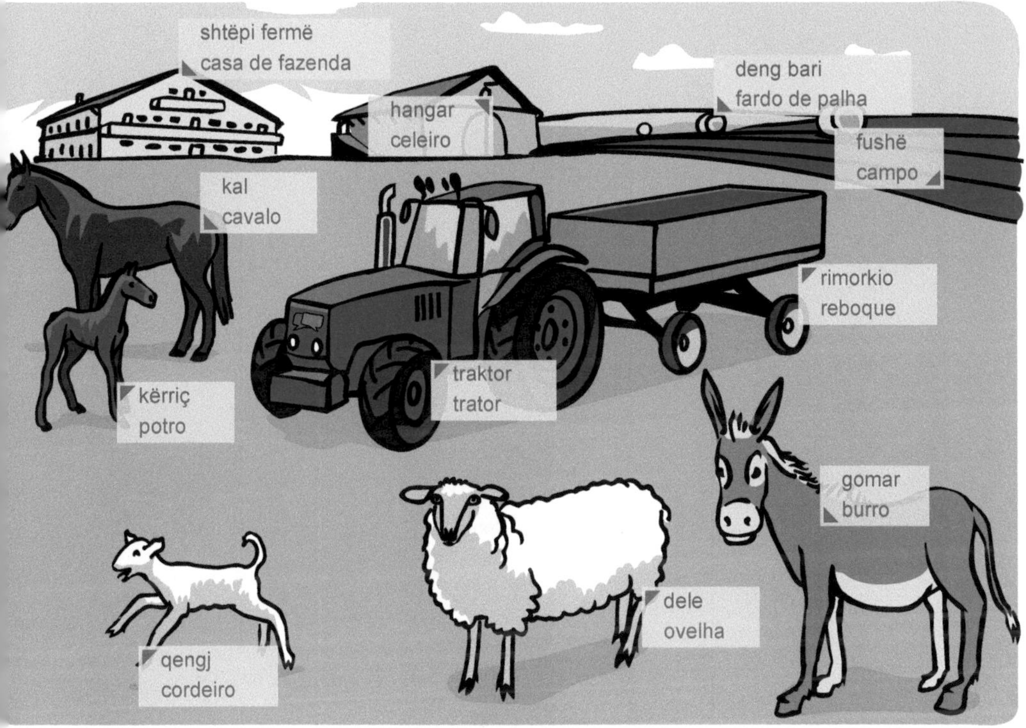

shtëpi fermë
casa de fazenda
hangar
celeiro
deng bari
fardo de palha
fushë
campo
kal
cavalo
rimorkio
reboque
kërriç
potro
traktor
trator
gomar
burro
dele
ovelha
qengj
cordeiro

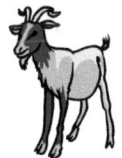

dhi
cabra

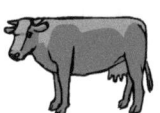

lopë
vaca

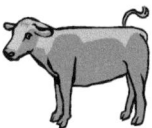

viç
bezerro

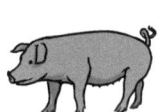

derr
porco

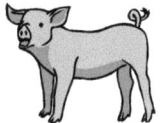

derrkuc
leitão

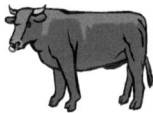

dem
touro

patë

ganso

rosë

pato

zog pule

pintinho

pulë

galinha

gjel

galo

mi

ratazana

mace

gato

mi

camundongo

buall

boi

qen

cachorro

kolibe qeni

casinha do cachorro

zorrë vaditëse

mangueira de jardim

vaditëse

regador

kosë

foice

plug

arado

drapër
foice

shat
enxada

kosa
forquilha

sëpatë
machado

karrocë
carrinho de mão

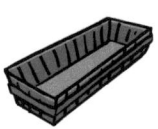

govatë
manjedoura

bidon qumështi
jarra de leite

thes
saco

gardh
cerca

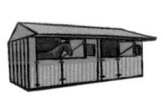

ahur
estábulo

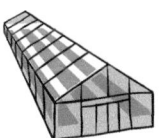

serë
estufa

dhe
solo

farë
semente

pleh
fertilizante

autokombanjë
colheitadeira

korr
colher

te korrat
colheita

patate e ëmbël "Yam"
inhame

grurë
trigo

soja
soja

patate
batata

misër
milho

raps
colza

pemë frutore
árvore frutífera

zhardhok manioku
mandioca

drithëra
cereais

shtëpi

casa

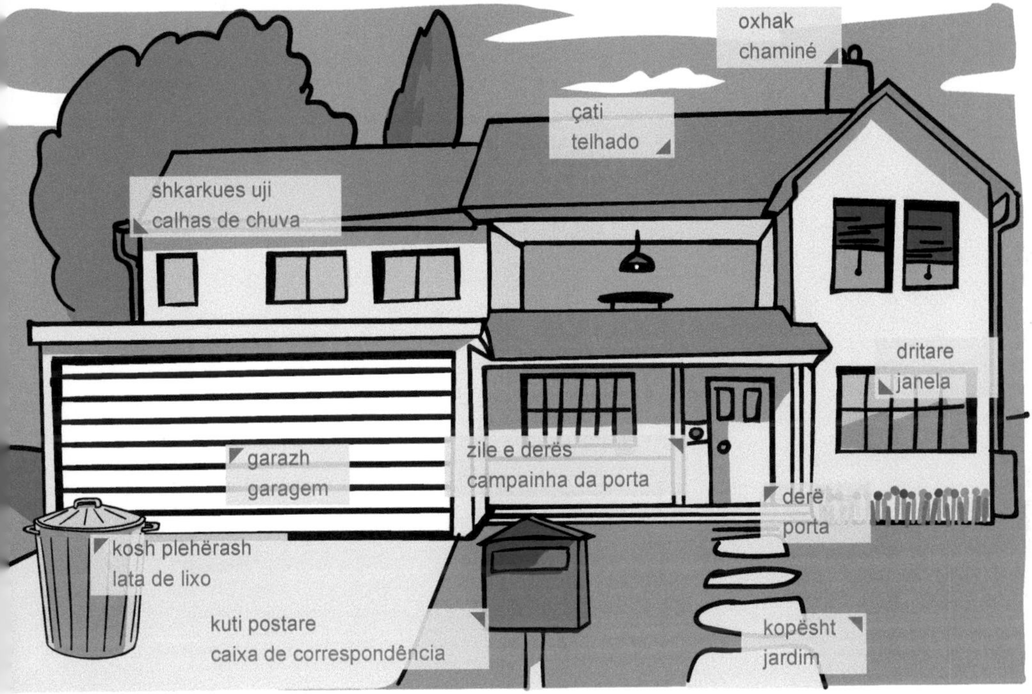

oxhak
chaminé
çati
telhado
shkarkues uji
calhas de chuva
dritare
janela
garazh
garagem
zile e derës
campainha da porta
derë
porta
kosh plehërash
lata de lixo
kuti postare
caixa de correspondência
kopësht
jardim

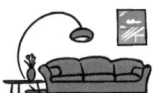

dhomë ndenjeje

sala de estar

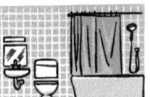

tualet

banheiro

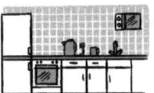

kuzhinë

cozinha

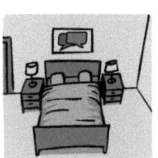

dhomë gjumi

quarto de dormir

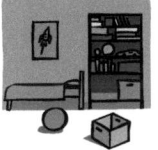

dhomë fëmijësh

quarto de criança

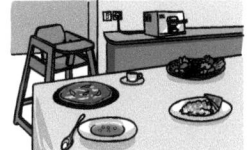

dhomë ngrënieje

sala de jantar

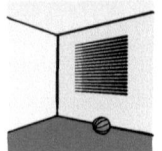

dysheme
chão

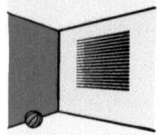

mur
parede

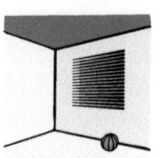

tavan
teto

bodrum
porão

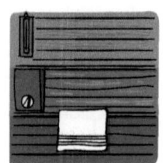

sauna
sauna

ballkon
varanda

tarracë
terraço

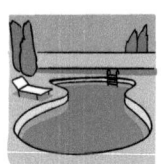

pishinë
piscina

kositëse bari
cortador de grama

çarçaf
lençol

kuvertë
coberta

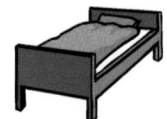

krevat
cama

fshesë dore
vassoura

kovë
balde

çelës
interruptor

dhomë ndenjeje
sala de estar

tapiceri
papel de parede
fotografi
quadro
llambë
lâmpada
raft
prateleira
dollap
armário
pajisje televizive
televisão
vatër
lareira
lule
flor
jastëk
travesseiro
divan
sofá
vazo
vaso
telekomandë
controle remoto

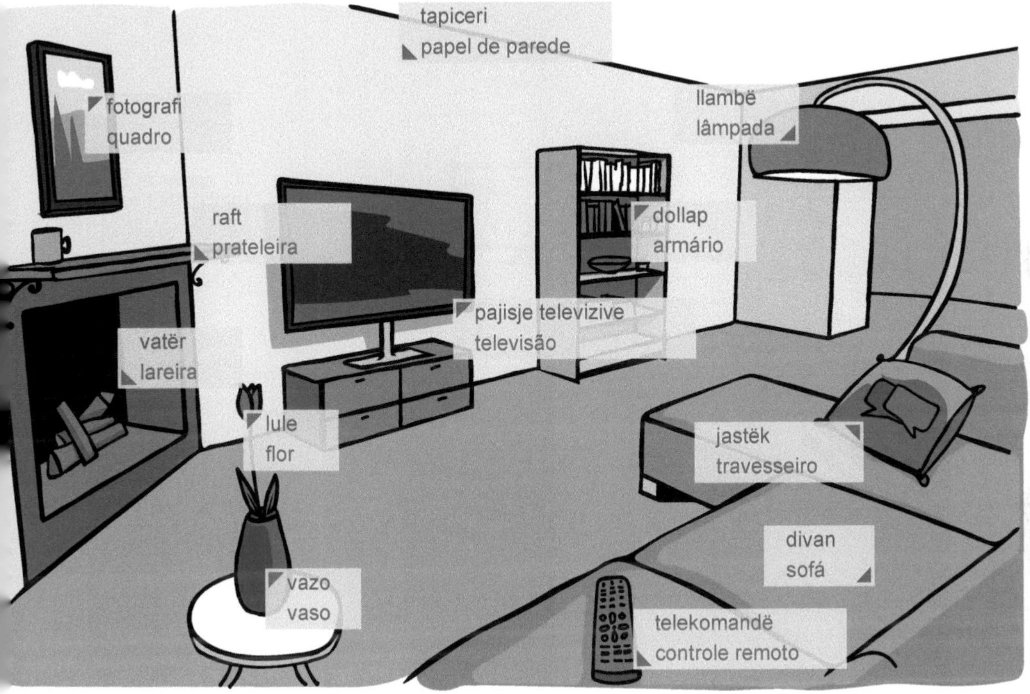

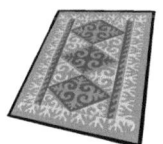

qilim

tapete

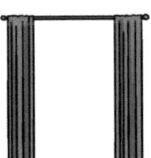

perde

cortina

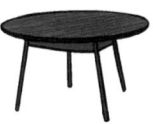

tavolinë

mesa

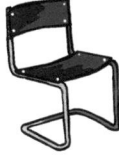

karrige

cadeira

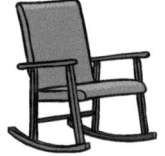

karrige lëkundëse

cadeira de balanço

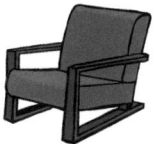

kolltuk

poltrona

libri

livro

batanije

cobertor

zbukurime

decoração

dru zjarri

lenha

film

filme

stereo

equipamento de som

çelës

chave

gazetë

jornal

pikturë

pintura

afishe

pôster

radio

rádio

bllok shënimesh

bloco de notas

fshesë me korent

aspirador

kaktus

cacto

qiri

vela

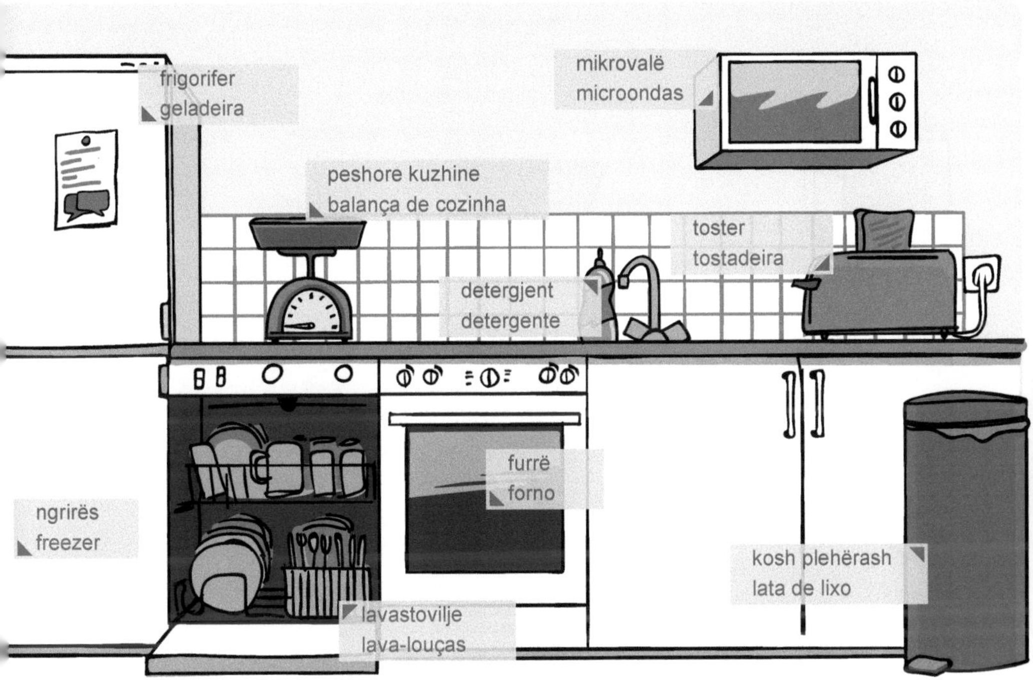

frigorifer
geladeira

mikrovalë
microondas

peshore kuzhine
balança de cozinha

toster
tostadeira

detergjent
detergente

furrë
forno

ngrirës
freezer

kosh plehërash
lata de lixo

lavastovilje
lava-louças

sobë

fogão

tenxhere

panela

tenxhere me kapak

panela de ferro

tigan special (Wok)

wok / kadai

tigan

frigideira

çajnik

chaleira

tenxhere me avull

panela a vapor

tavë pjekjeje

tabuleiro de forno

enë

louça

filxhan

caneca

tas

caçarola

shkopinj

hashi

garuzhde

concha de sopa

spatul

espátula

tel kuzhine

batedor

kulluese

escorredor

sitë

peneira

rende

ralador

havan

almofariz

skarë

churrasqueira

zjarr

lareira

dërrasë për prerje

tábua de cortar

okllai

rolo da massa

heqëse tapash

saca-rolhas

kanaçe

lata

hapëse kanaçeje

abridor de latas

rrobë për të kapur tenxheren

pegador de panela

lavaman

pia

furçë

escova

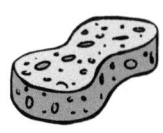

sfungjer

esponja

përzjerës

liquidificador

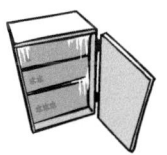

ngrirës

congelador

biberon për lëngje

mamadeira

rubinet

torneira

tualet
banheiro

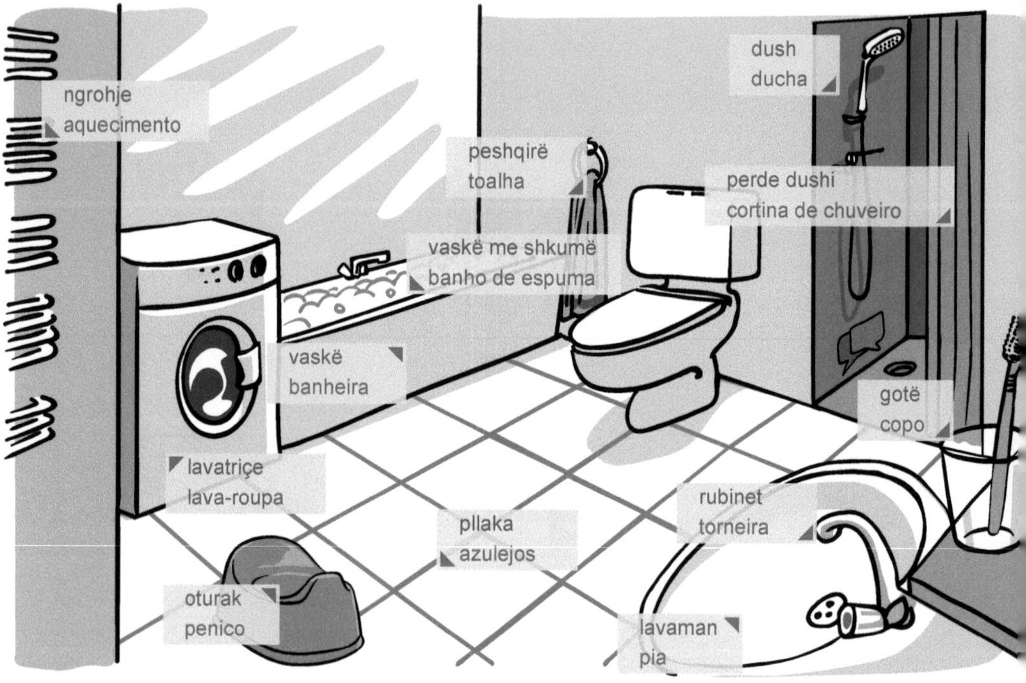
ngrohje
aquecimento
dush
ducha
peshqirë
toalha
perde dushi
cortina de chuveiro
vaskë me shkumë
banho de espuma
vaskë
banheira
gotë
copo
lavatriçe
lava-roupa
rubinet
torneira
pllaka
azulejos
oturak
penico
lavaman
pia

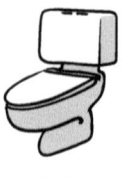

tualet
vaso sanitário

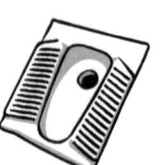

WC e sheshtë
lavabo de agachar

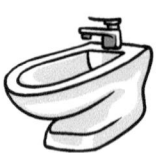

bide
bidê

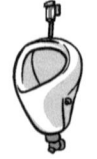

tualet publik
mictório

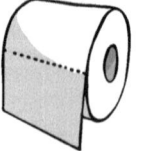

letër higjienike
papel higiênico

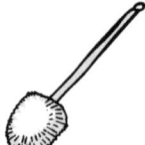

furçe për WC
escova de privada

furçë dhëmbësh

escova de dentes

pastë dhëmbësh

pasta de dentes

fije dentare

fio dental

laj

lavar

dorezë dushi

ducha de mão

larës për zonën intime

ducha íntima

legen

bacia

furçë për masazh shpine

escova para as costas

sapun

sabonete

shampo trupi

gel de banho

shampo

xampu

leckë pastruese

toalha de rosto

kullues

escoamento

krem

creme

antidjersë

desodorante

pasqyrë

espelho

pasqyrë dore

espelho de mão

brisk rroje

barbeador

shkumë rroje

espuma de barbear

locion pas rrojes

loção pós-barba

krehër

pente

furçë

escova

tharëse flokësh

secador de cabelo

llak për flokët

spray de cabelo

grim

maquiagem

buzëkuq

batom

manikyr

esmalte de unhas

mbushje pambuku

algodão

gërshërë për thonj

tesoura para unhas

parfum

perfume

çantë për sendet personale

nécessaire

Stol

banquinho

peshore

balança

robëdëshambër

roupão de banho

dorashka gome

luvas de borracha

tampon

absorvente interno

peceta higjienike

absorvente íntimo

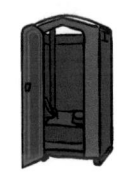

tualet I lëvizshëm

banheiro químico

dhomë fëmijësh
quarto de criança

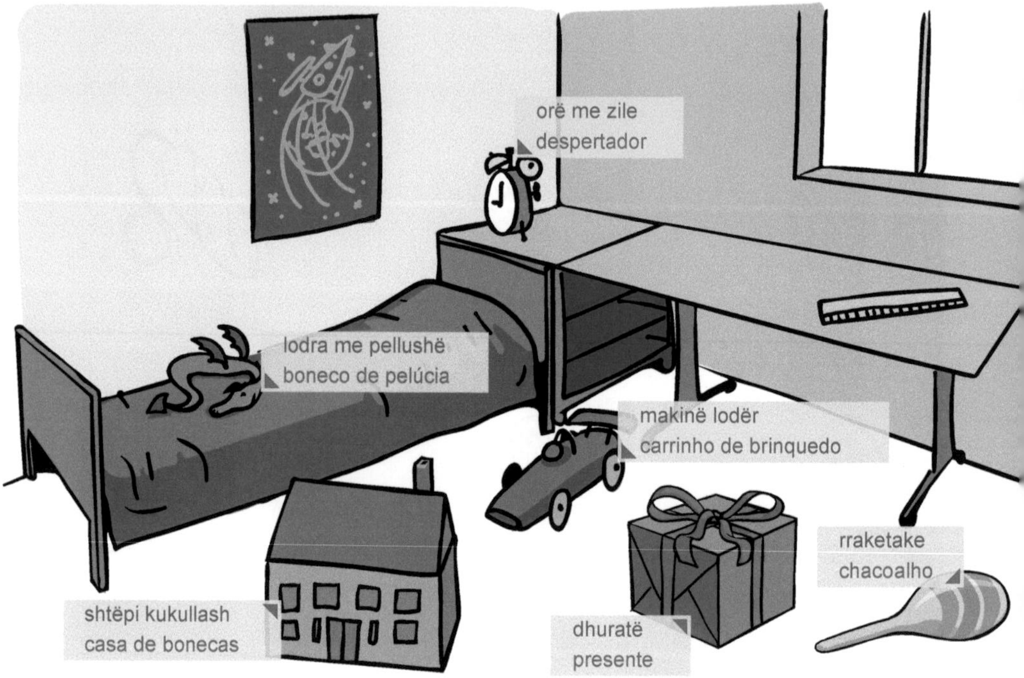
orë me zile
despertador
lodra me pellushë
boneco de pelúcia
makinë lodër
carrinho de brinquedo
rraketake
chacoalho
shtëpi kukullash
casa de bonecas
dhuratë
presente

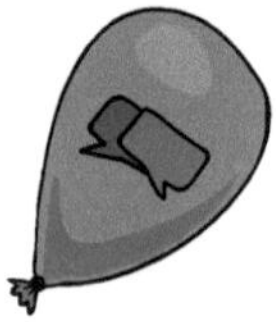

tollumbace
balão

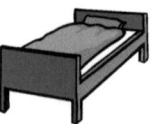

krevat
cama

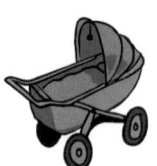

karrocë fëmijësh
carrinho de bebê

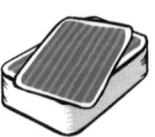

lojë me letra
jogo de cartas

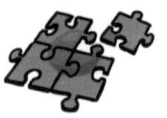

bashkim pjesësh me figura
quebra-cabeças

SUPER MEGA

komik
revista de quadrinhos

formuese lodër

peças de Lego

kuba plastikë

blocos de construção

lodra

figura de ação

badi

macaquinho de bebê

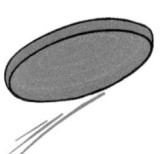

frizbi

frisbee

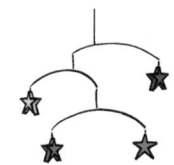

lodra të varura tek krevati i fëmijëve

móbile para bebé

tavolinë lojërash

jogo de tabuleiro

zare

dados

model treni

trenzinho elétrico

biberon

chupeta

festë

festa

libër me ilustrime

livro ilustrado

top

bola

kukull

boneca

luaj

brincar

grumbull rëre

caixa de areia

kolovarëse

balanço

lodra

brinquedos

leva për lojra video

videogame

triçikël

triciclo

arush prej pellushi

ursinho de pelúcia

garderobë

guarda-roupa

veshje
vestuário

çorape

meias

çorape të gjata

meias pelo joelho

geta

meias-calças

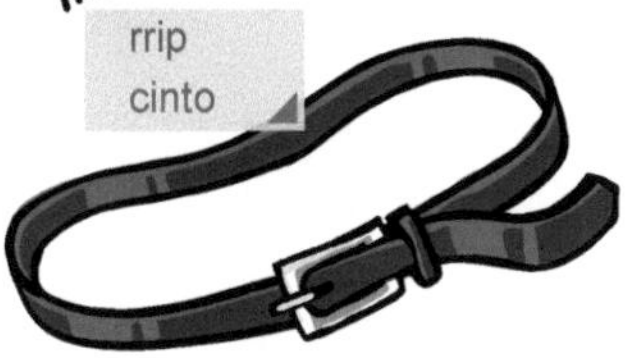

shall
cachecol

çadër
guarda-chuva

rrip
cinto

bluzë pa jakë
camiseta

atlete
tênis

çizme
botas

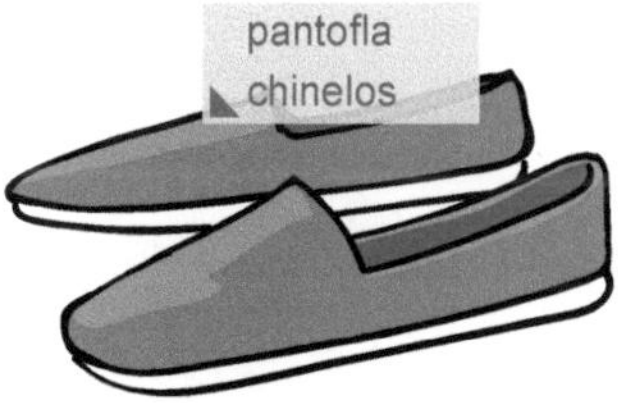

pantofla
chinelos

sandale
....
sandálias

këpucë
....
sapatos

çizme llastiku
....
botas de borracha

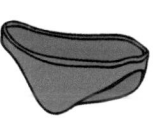

të mbathura
....
roupa de baixo

reçipeta
....
sutiã

kanotierë
....
camiseta de baixo

trup

body

pantallona

calças

xhinse

jeans

fund

saia

bluzë

blusa

këmishë

camisa

pulovër

pulôver

triko

suéter com capuz

xhaketë

blazer

xhaketë

jaqueta

pallto

casaco

mushama shiu

gabardine

kostum

traje

fustan

vestido

fustan nusërie

vestido de casamento

veshje - vestuário

kostum

terno

këmishë nate

camisola

pizhama

pijama

sari (veshje tradicionale indiane)

sari

shami koke

lenço de cabeça

çallmë

turbante

veshje për femrat e besimit musliman

burca

kaftan (lloj veshjeje tradicionale)

cafetã

ferexhe

abaya

kostum banje

maiô

rroba banje

sunga

pantallona të shkurtra

shorts

tuta sporti

roupa de treino

përparëse

avental

dorashka

luvas

kopsë

botão

syze

óculos

byzylyk

pulseira

gjerdan

colar

unazë

anel

vath

brinco

kapuç

boné

varëse për pallto

cabide

kapele

chapéu

kravatë

gravata

zinxhir

zíper

helmetë

capacete

tiranda

suspensórios

uniformë shkolle

uniforme escolar

uniformë

uniforme

veshje - vestuário

gushore
babador

biberon
chupeta

pelenë
fralda

zyrë

escritório

server
servidor

skedar
armário de arquivos

printer
impressora

ekran
monitor

letër
papel

maus
mouse

tavolinë
escrivaninha

dosje
pasta

tastierë
teclado

kosh letrash
cesto de lixo

karrige
cadeira

kompjuter
computador

filxhan kafeje
xícara de café

makinë llogaritëse
calculadora

internet
internet

kompjuter portativ

laptop

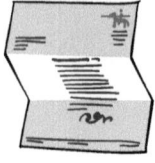

letër

carta

mesazh

mensagem

telefon

celular

rrjet

rede

fotokopje

copiadora

program

software

telefon

telefone

prizë

tomada

pajisje faksi

fax

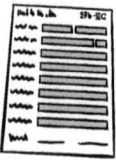

formular

formulário

dokument

documento

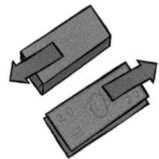

blej

comprar

paguaj

pagar

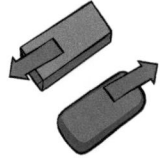

tregtoj

negociar

para

dinheiro

dollar

Dólar

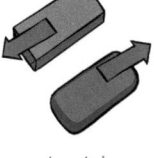

euro

Euro

jen

Yen

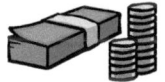

rubla

rublo

franga zvicerane

franco suíço

juani kinez

renminbi yuan

rupje

rupia

bankomat

caixa eletrônico

pikë këmbimi valutor

casa de câmbio

ar

ouro

argjend

prata

nafta

petróleo

energji

energia

çmim

preço

kontratë

contrato

taksë

imposto

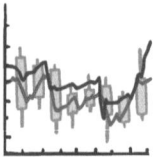

aksione

ação

punoj

trabalhar

punonjës

empregado

punëdhënës

empregador

fabrikë

fábrica

dyqan

loja

profesionet
profissões

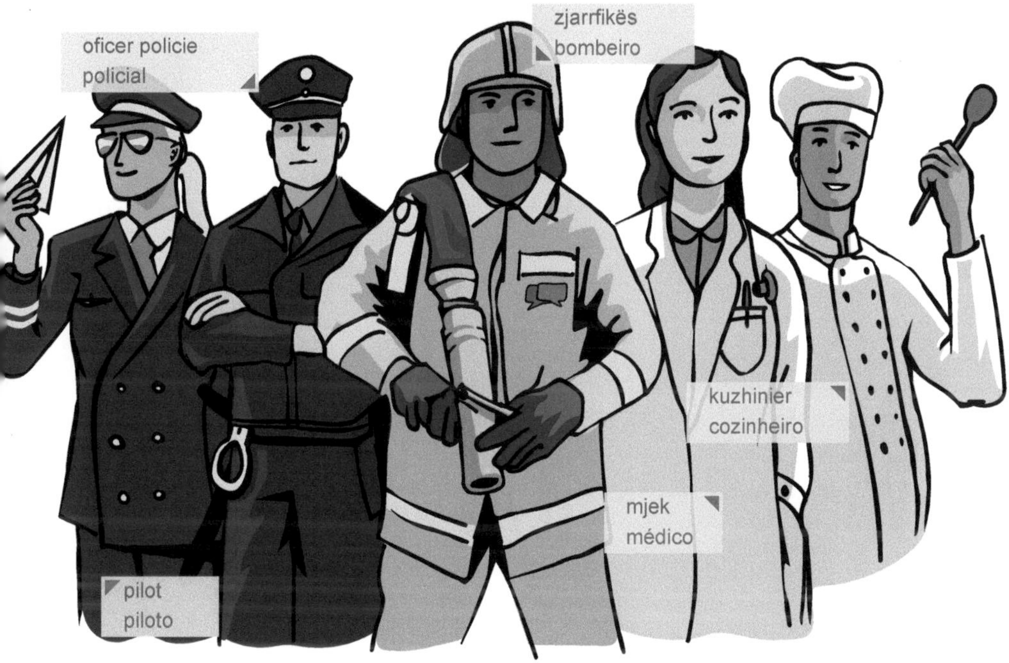

oficer policie
policial
zjarrfikës
bombeiro
kuzhinier
cozinheiro
mjek
médico
pilot
piloto

kopshtar

jardineiro

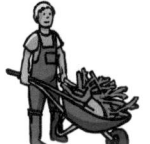

marangoz

marceneiro

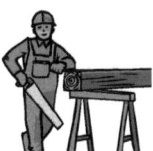

rrobaqepëse

costureira

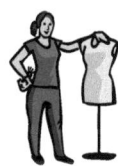

gjykatës

juiz

kimist

químico

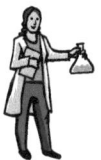

aktor

ator

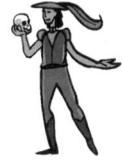

shofer autobuzi

motorista de ônibus

taksist

motorista de táxi

peshkatar

pescador

pastruese

faxineira

riparues çatish

telhador

kamarier

garçom

gjuetar

caçador

piktor

pintor

furrxhi

padeiro

elektriçist

eletricista

ndërtues

construtor

inxhinier

engenheiro

kasap

açougueiro

hidraulik

encanador

postieri

carteiro

ushtar

soldado

arkitekt

arquiteto

arkëtar

caixa

luleshitës

florista

berber

cabelereiro

kontrollor

condutor

mekanik

mecânico

kapiten

capitão

dentist

dentista

shkencëtar

cientista

rabin

rabino

imam

imam

murg

monge

klerik

pastor

mjete
ferramentas

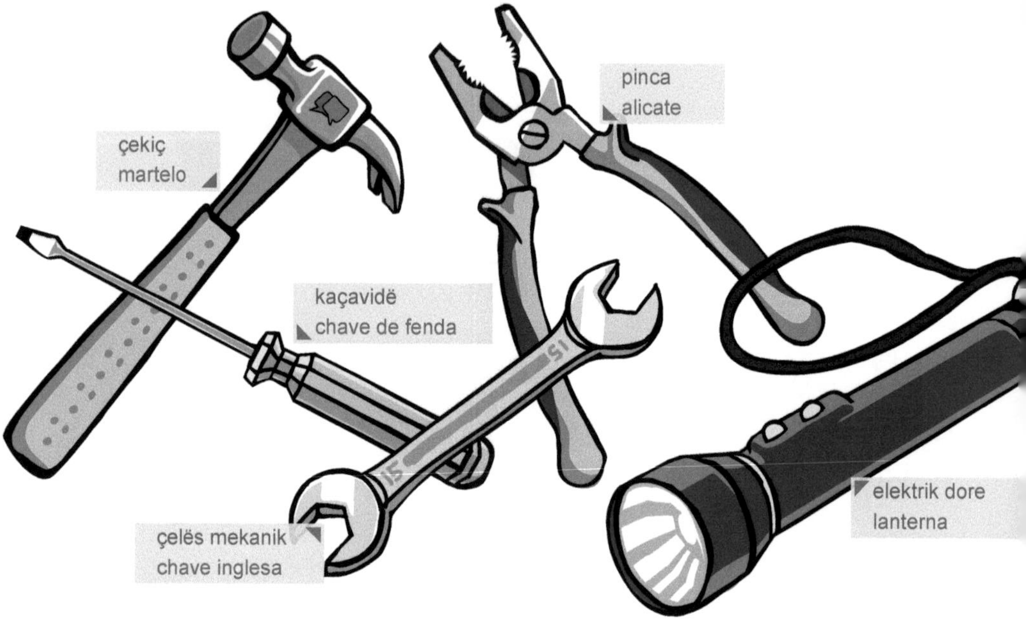

çekiç
martelo
pinca
alicate
kaçavidë
chave de fenda
çelës mekanik
chave inglesa
elektrik dore
lanterna

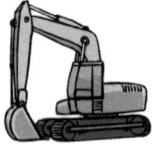

ekskavator

escavadora

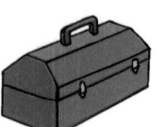

kuti veglash

caixa de ferramentas

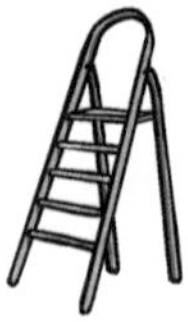

shkallë

escada de mão

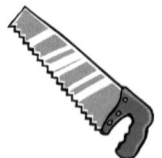

sharrë

serra

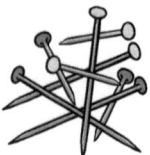

gozhdë

pregos

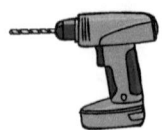

trapan

furadeira

riparoj

consertar

lopatë

pá

Dreq!

Droga!

kaci

pá de lixo

kuti boje

pote de tinta

vidhë

parafusos

instrumenta muzikorë
instrumentos musicais

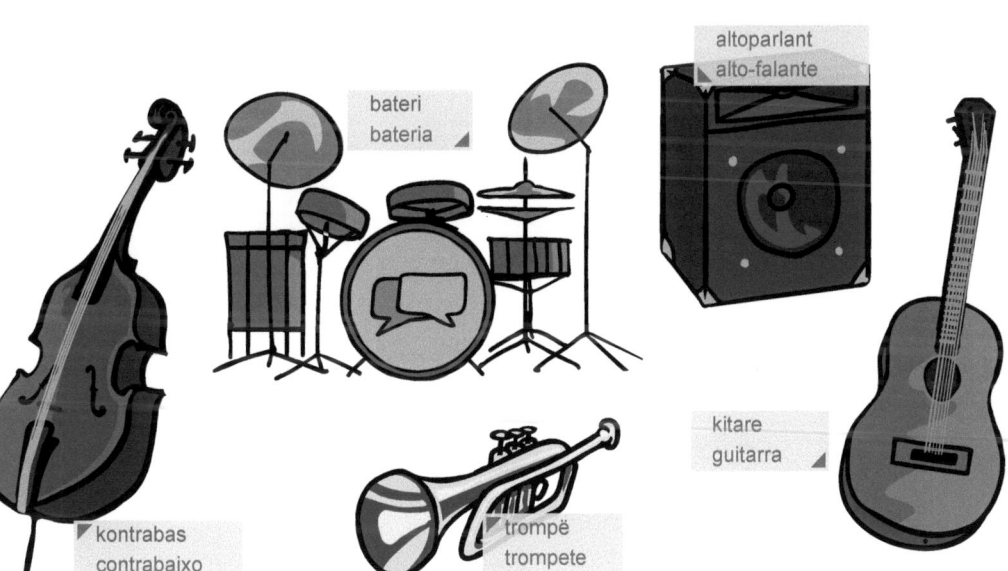

altoparlant
alto-falante

bateri
bateria

kitare
guitarra

kontrabas
contrabaixo

trompë
trompete

piano
piano

violinë
violino

bas
baixo

tamburë
timbales

daulle
tambor

tastierë pianoje
teclado

saksofon
saxofone

flaut
flauta

mikrofon
microfone

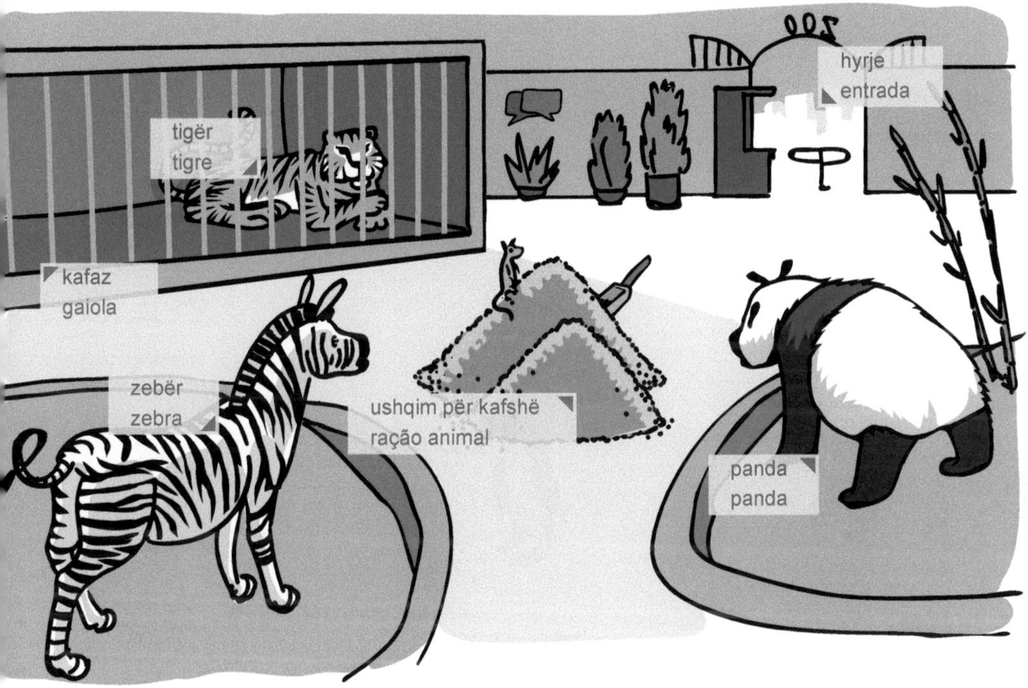

hyrje
entrada

tigër
tigre

kafaz
gaiola

zebër
zebra

ushqim për kafshë
ração animal

panda
panda

kafshë
animais

elefant
elefante

kangur
canguru

rinoceront
rinoceronte

gorillë
gorila

ari
urso

deve

camelo

struc

avestruz

luan

leão

majmun

macaco

flamingo

flamingo

papagall

papagaio

ari polar

urso polar

pinguin

pinguim

peshkaqen

tubarão

pallua

pavão

gjarpër

cobra

krokodil

crocodilo

punonjës i kopshtit zoologjik

guarda do zoológico

fokë

foca

xhaguar

jaguar

poni

pônei

leopard

leopardo

hipopotam

hipopótamo

gjirafë

girafa

shqiponjë

águia

derr i egër

javali

peshk

peixe

breshkë

tartaruga

lopë deti

morsa

dhelpër

raposa

gazelë

gazela

kopsht zoologjik - zoológico

61

futboll amerikan
futebol americano

çiklizëm
ciclismo

tenis
tênis

basketboll
basquete

not
natação

boks
boxe

hokej mbi akull
hóquei no gelo

futboll
futebol

badminton
badminton

atletikë
atletismo

hendboll
handebol

ski
esqui

polo
polo

qesh
rir

hidhem
pular

përqafoj
abraçar

eci
andar

këndoj
cantar

ëndërroj
sonhar

lutem
rezar

puth
beijar

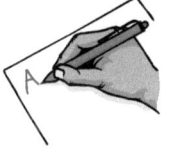

shkruaj

escrever

vizatoj

desenhar

tregoj

mostrar

shtyj

empurrar

jap

dar

marr

tomar

kam

ter

bëj

fazer

jam

ser

qëndroj

ficar de pé

vrapoj

correr

tërheq

puxar

hedh

jogar

bie

cair

shtrihem

deitar

pres

esperar

mbaj

carregar

ulem

sentar

vishem

vestir

fle

dormir

zgjohem

despertar

shikoj

olhar para

qaj

chorar

përkëdhel

acariciar

kreh

pentear

bisedoj

falar

kuptoj

entender

kërkoj

perguntar

dëgjoj

ouvir

pi

beber

ha

comer

sistemoj

arrumar

dashuroj

amar

gatuaj

cozinhar

drejtoj makinën

dirigir

fluturoj

voar

lundroj

velejar

llogaris

calcular

lexoj

ler

mësoj

aprender

punoj

trabalhar

martohem

casar

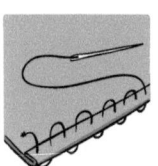

qep

costurar

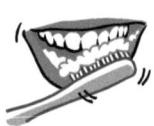

laj dhëmbët

escovar os dentes

vras

matar

tymos

fumar

dërgoj

enviar

gjyshe
avó

gjysh
avô

baba
pai

nënë
mãe

bebe
bebê

vajzë
filha

djalë
filho

mysafir

convidado

teze, hallë

tia

dajë, xhaxha

tio

vëlla

irmão

motër

irmã

trupi
corpo

balli
testa
syri
olho
shpatulla
ombro
gishti
dedo
fytyra
rosto
mjekra
queixo
dora
mão
krahërori
peito
këmba
perna
krahu
braço

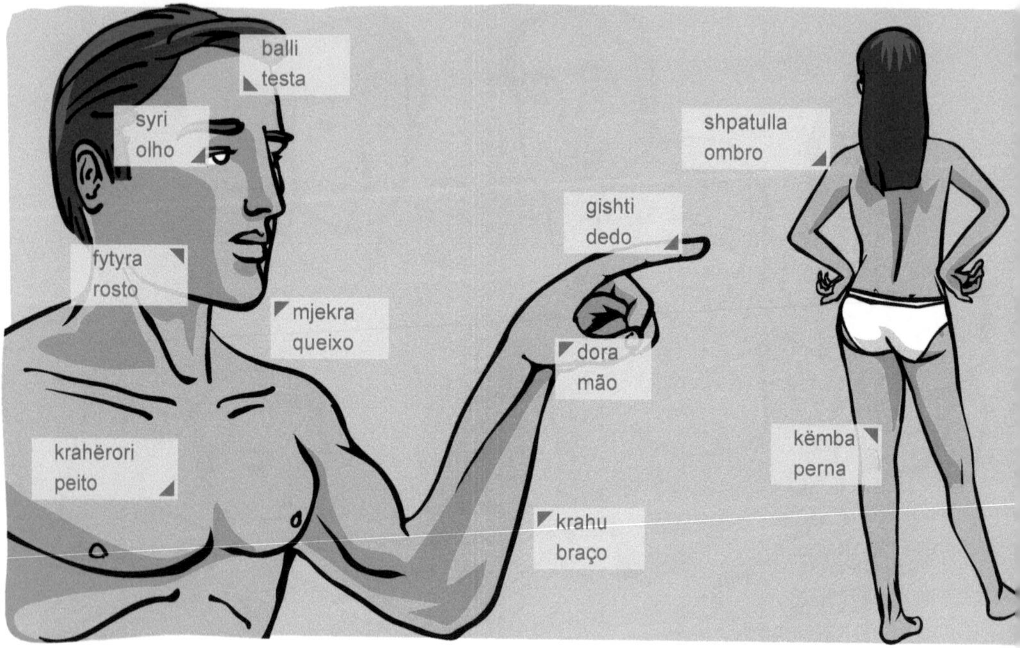

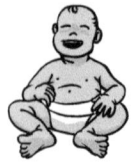

bebe
bebê

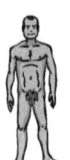

burrë
homem

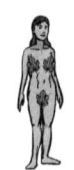

grua
mulher

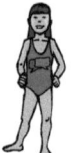

vajzë
menina

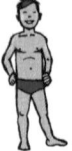

djalë
menino

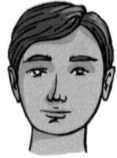

koka
cabeça

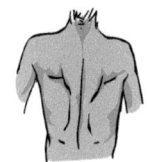

shpina
costas

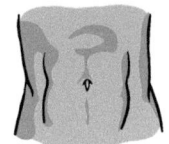

barku
barriga

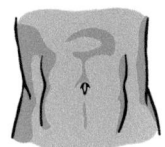

kërthiza
umbigo

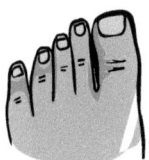

gisht këmbe
dedo do pé

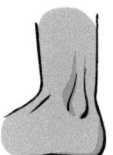

Thembra
calcanhar

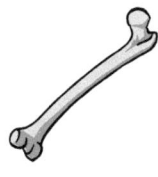

kockë
osso

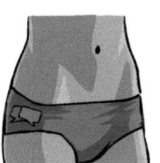

legeni
anca

gjuri
joelho

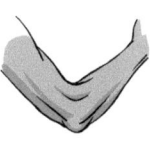

bërryli
cotovelo

hunda
nariz

vithe
nádegas

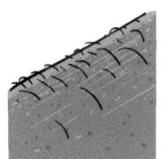

lëkura
pele

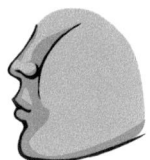

faqja
bochecha

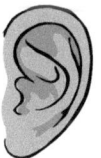

veshi
orelha

buza
lábio

goja
boca

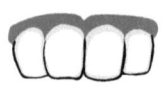

dhëmbët
dente

gjuha
língua

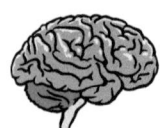

truri
cérebro

zemra
coração

muskul
músculo

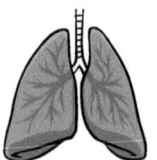

mushkëria
pulmão

mëlçia
fígado

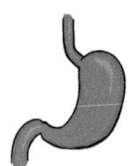

stomaku
estômago

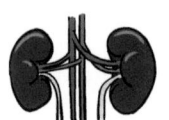

veshka
rins

seks
relações sexuais

prezervativ
preservativo

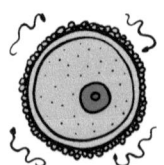

veza
óvulo

sperma
esperma

shtatëzani
gravidez

trupi - corpo

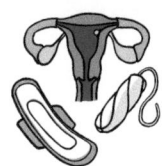

menstruacione
menstruação

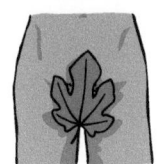

vagina
vagina

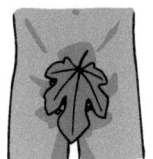

penis
pênis

vetulla
sobrancelha

flokët
cabelo

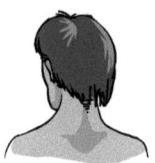

qafa
pescoço

spital
hospital

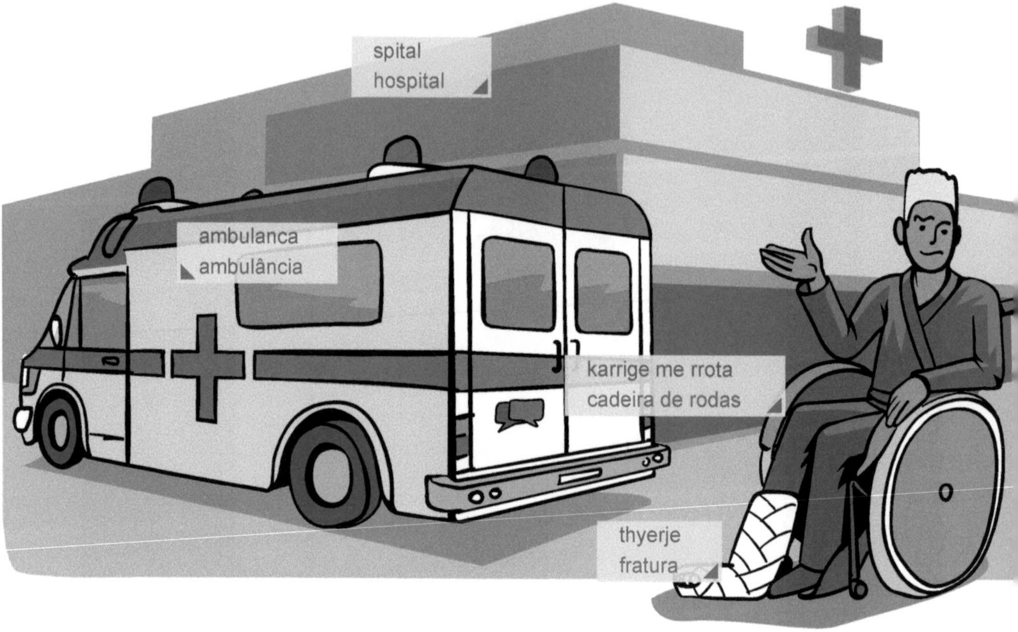

spital
hospital
ambulanca
ambulância
karrige me rrota
cadeira de rodas
thyerje
fratura

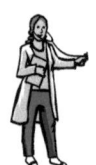

mjek
médico

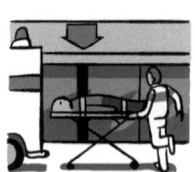

sallë urgjencash
pronto-socorro

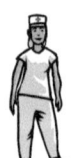

infermiere
enfermeira

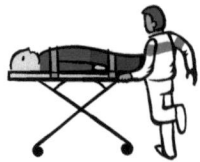

emergjencë
emergência

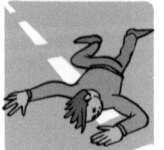

i pandërgjegjshëm
inconsciente

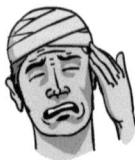

dhimbje
dor

dëmtim

ferimento

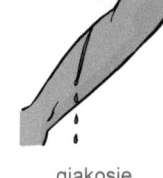

gjakosje

hemorragia

infarkt

ataque cardíaco

goditje

acidente vacular cerebral

alergji

alergia

kolla

tosse

ethe

febre

grip

gripe

diarre

diarreia

dhimbje koke

dor de cabeça

kancer

câncer

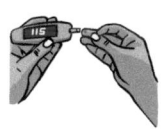

diabet

diabetes

kirurg

cirurgião

bisturi

bisturi

operacion

operação

CT (skaner)

CT

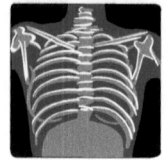

radiografi

raio x

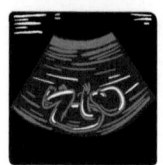

ultratingull

ultrassom

maskë fytyre

máscara

sëmundje

doença

dhomë pritjeje

sala de espera

paterica

muleta

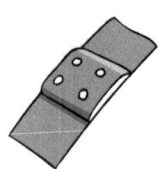

leukoplast

bandeide

fasho

ligadura

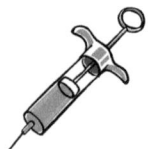

injeksion

injeção

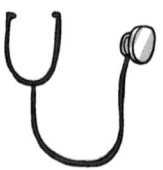

stetoskop

estetoscópio

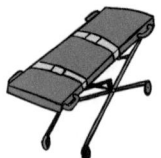

barelë

maca

termometër

termômetro

lindje

nascimento

mbipeshë

excesso de peso

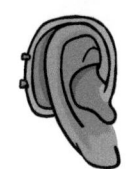

aparat dëgjimi

aparelho auditivo

dezinfektant

desinfetante

infeksion

infecção

virus

vírus

HIV / AIDS

HIV / AIDS

mjekësi, mjekim

medicamento

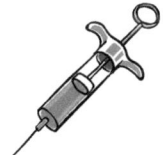

vaksinim

vacinação

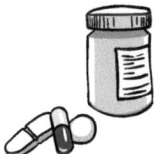

tableta

comprimidos

pilulë

pílula

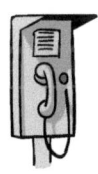

telefonatë emergjence

chamada de emergência

aparat tensioni

dispositivo de medição de
pressão arterial

i sëmurë / i shëndetshëm

doente / saudável

Ndihmë!

Socorro!

alarm

alarme

sulm

assalto

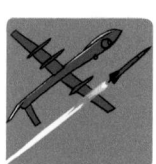

atak

ataque

rrezik

perigo

dalje emergjence

saída de emergência

Zjarr!

Fogo!

fikëse zjarri

extintor de incêndios

aksident

acidente

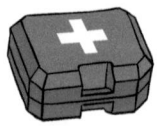

kuti e ndimës së shpejtë

maleta de primeiros socorros

SOS

SOS

policia

polícia

Europa

Europa

Amerika e Veriut

América do Norte

Amerika e Jugut

América do Sul

Afrika

África

Azia

Ásia

Australia

Austrália

Atlantiku

Atlântico

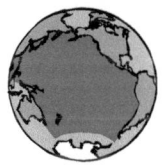

Paqësori

Pacífico

Oqeani Indian

Oceano Índico

Oqeani Antarktik

Oceano Antártico

Oqeani Arktik

Oceano Ártico

Poli i veriut

Polo Norte

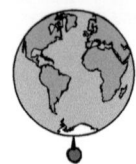

Poli i Jugut

Polo Sul

Antarktida

Antártica

toka

Terra

tokë

terra

det

mar

ishull

ilha

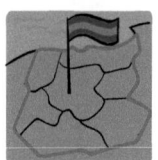

komb

nação

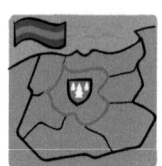

shtet

estado

fusha e orës

mostrador do relógio

akrepi i orës

ponteiro das horas

akrepi i minutave

ponteiro dos minutos

akrepi i sekondave

ponteiro dos segundos

Sa është ora?

Que horas são?

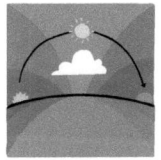

ditë

dia

kohë

tempo

tani

agora

orë dixhitale

relógio digital

minutë

minuto

orë

hora

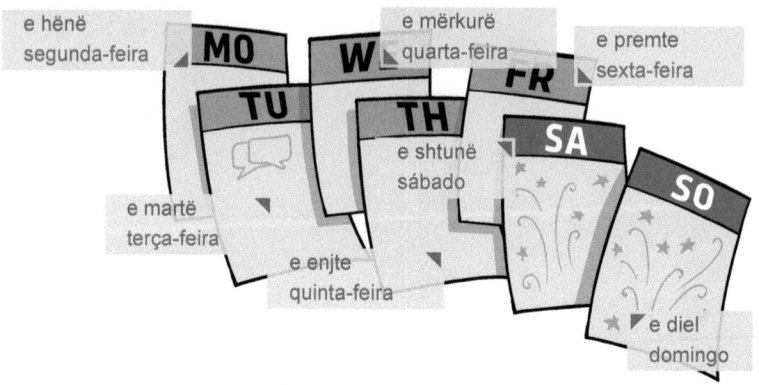

e hënë
segunda-feira

e mërkurë
quarta-feira

e premte
sexta-feira

e martë
terça-feira

e shtunë
sábado

e enjte
quinta-feira

e diel
domingo

dje

ontem

sot

hoje

nesër

amanhã

mëngjes

manhã

mesditë

meio-dia

mbrëmje

entardecer

MO	TU	WE	TH	FR	SA	SU
1	2	3	4	5	6	7
8	9	10	11	12	13	14
15	16	17	18	19	20	21
22	23	24	25	26	27	28
29	30	31	1	2	3	4

ditë pune

dias úteis

MO	TU	WE	TH	FR	SA	SU
1	2	3	4	5	6	7
8	9	10	11	12	13	14
15	16	17	18	19	20	21
22	23	24	25	26	27	28
29	30	31	1	2	3	4

fundjavë

fim de semana

vit
ano

shi
chuva
ylber
arco-íris
erë
vento
borë
neve
pranverë
primavera
verë
verão
vjeshtë
outono
dimër
inverno

4.APRIL 11°
5.APRIL 4°
6.APRIL 13°
7.APRIL 8°
8.APRIL 10°

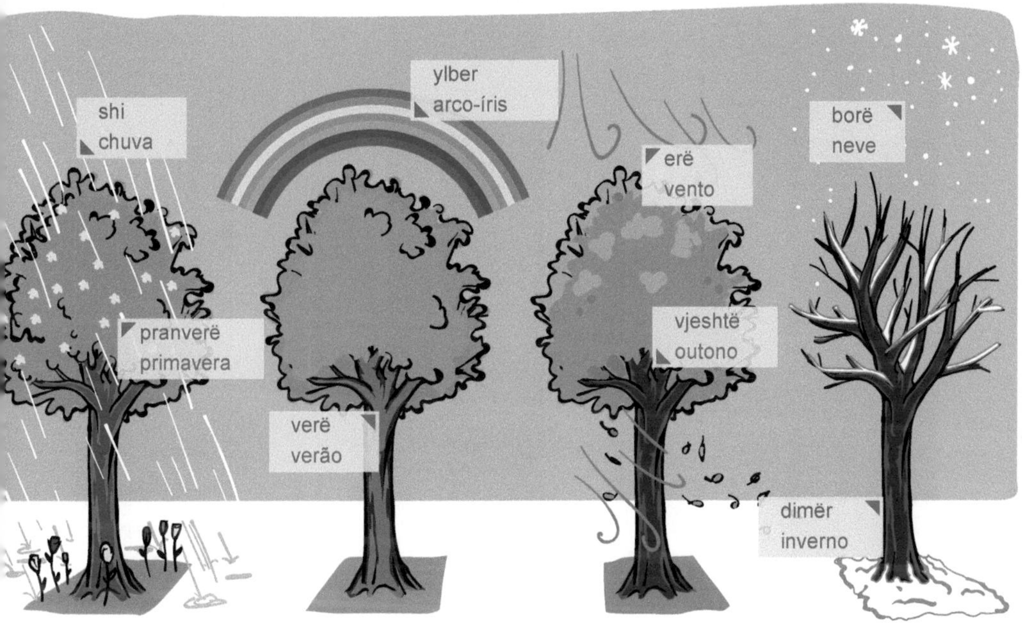

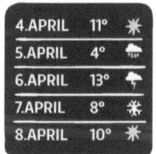

parashikimi i motit
previsão do tempo

F
C
120
90
60
30
0
-30
40
30
20
10
0
-10
-20

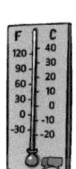

termometër
termômetro

ndriçim dielli
raio de sol

re
nuvem

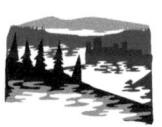

mjegull
neblina / nevoeiro

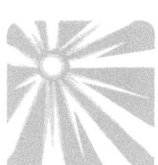

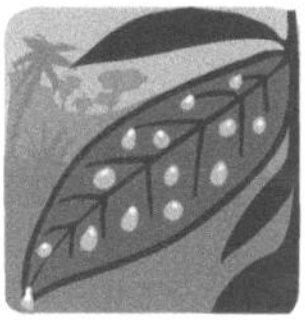

lagështi
umidade do ar

vetëtima

relâmpago

gjëmim

trovão

stuhi

tempestade

breshër

granizo

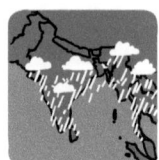

muson

monção

përmbytje

inundação

akull

gelo

janar

janeiro

shkurt

fevereiro

mars

março

prill

abril

maj

maio

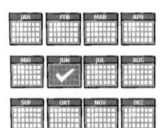

qershor

junho

korrik

julho

gusht

agosto

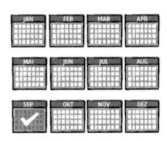

shtator
....
setembro

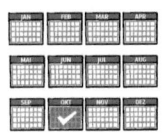

tetor
....
outubro

nëntor
....
novembro

dhjetor
....
dezembro

rreth
....
círculo

katror
....
quadrado

drejtkëndësh
....
retângulo

trekëndësh
....
triângulo

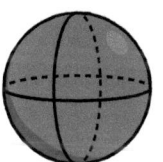

sferë
....
esfera

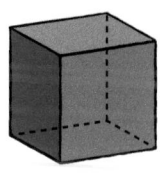

kub
....
cubo

e bardhë

branco

e verdhë

amarelo

portokalli

laranja

rozë

rosa

e kuqe

vermelho

vjollcë

lilás

blu

azul

e gjelbër

verde

kafe

marrom

gri

cinza

e zezë

preto

shumë / pak

muito / pouco

i nevrikosur / i qetë

furioso / tranquilo

i bukur / i shëmtuar

lindo / feio

fillim / fund

começo / fim

i madh / i vogël

grande / pequeno

i ndritshëm / i errët

claro / escuro

vëlla / motër

irmão / irmã

e pastër / e pistë

limpo / sujo

e plotë / jo e plotë

completo / incompleto

ditë / natë

dia / noite

gjallë / vdekur

morto / vivo

i gjerë / i ngushtë

largo / estreito

i ngrënshëm / i pangrënshëm
comestível / não comestível

i keq / i këndshëm
mau / gentil

i lumtur / i mërzitur
entusiasmado / entediado

i shëndoshë / i dobët
gordo / magro

e para / e fundit
primeiro / último

mik / armik
amigo / inimigo

plot / bosh
cheio / vazio

e fortë / e butë
duro / macio

e rëndë / e lehtë
pesado / leve

uri / etje
fome / sede

i sëmurë / i shëndetshëm
doente / saudável

e paligjshme / e ligjshme
ilegal / legal

i zgjuar / budalla
inteligente / idiota

majtas / djathtas
esquerda / direita

afër / larg
perto / longe

e re / e përdorur
novo / usado

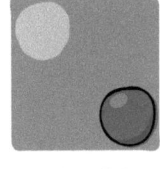

asgjë / diçka
nada / alguma coisa

i moshuar / i ri
velho / jovem

ndezur / fikur
ligado / desligado

hapur / mbyllur
aberto / fechado

i qetë / i zhurmshëm
baixo / alto

i pasur / i varfër
rico / pobre

e drejtë / e gabuar
certo / errado

i ashpër / i butë
áspero / liso

i mërzitur / i lumtur
triste / feliz

i shkurtër / i gjatë
curto / longo

ngadalë / shpejt
lento / rápido

i lagësht / i thatë
molhado / seco

ngrohtë / freskët
ameno / fresco

luftë / paqe
guerra / paz

0	**1**	**2**
zero	një	dy
zero	um	dois

3	**4**	**5**
tre	katër	pesë
três	quatro	cinco

6	**7**	**8**
gjashtë	shtatë	tetë
seis	sete	oito

9	**10**	**11**
nentë	dhjetë	njëmbëdhjetë
nove	dez	onze

12

dymbëdhjetë
doze

13

trembëdhjetë
treze

14

katërmbëdhjetë
quatorze

15

pesëmbëdhjetë
quinze

16

gjashtëmbëdhjetë
dezesseis

17

shtatëmbëdhjetë
dezessete

18

tetëmbëdhjetë
dezoito

19

nentëmbëdhjetë
dezenove

20

njëzetë
vinte

100

qind
cem

1.000

mijë
mil

1.000.000

milion
milhão

anglisht

inglês

anglishte amerikane

inglês americano

kinezisht mandarin

chinês mandarim

hindi

hindi

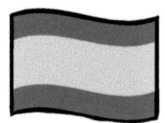

spanjisht

espanhol

frëngjisht

francês

arabisht

árabe

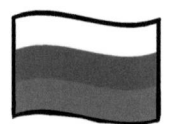

rusisht

russo

portugalisht

português

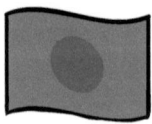

bengalisht

bengalês

gjermanisht

alemão

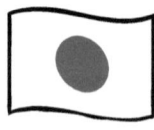

japonisht

japonês

unë
eu

ti
você

ai / ajo
ele / ela

ne
nós

ju
vocês

ata
eles / elas

kush?
quem?

çfarë?
O quê?

si?
como?

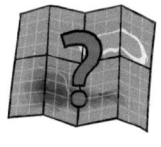

ku?
onde?

kur?
Quando?

emër
nome

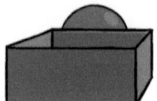

pas

atrás

në

em

përballë

na frente de

sipër

sobre

mbi

em cima

poshtë

debaixo

pranë

do lado

midis

entre

vend

lugar